LENGUAJE CORPORAL

Dominio de la comunicación no verbal

(Las técnicas psicológicas del lenguaje corporal)

Yago Arroyo

Publicado Por Daniel Heath

© **Yago Arroyo**

Todos los derechos reservados

Lenguaje corporal: Dominio de la comunicación no verbal
(Las técnicas psicológicas del lenguaje corporal)

ISBN 978-1-989853-18-4

Este documento está orientado a proporcionar información exacta y confiable con respecto al tema y asunto que trata. La publicación se vende con la idea de que el editor no esté obligado a prestar contabilidad, permitida oficialmente, u otros servicios cualificados. Si se necesita asesoramiento, legal o profesional, debería solicitar a una persona con experiencia en la profesión.

Desde una Declaración de Principios aceptada y aprobada tanto por un comité de la American Bar Association (el Colegio de Abogados de Estados Unidos) como por un comité de editores y asociaciones.

No se permite la reproducción, duplicado o transmisión de cualquier parte de este documento en cualquier medio electrónico o formato impreso. Se prohíbe de forma estricta la grabación de esta publicación así como tampoco se permite cualquier almacenamiento de este documento sin permiso escrito del editor. Todos los derechos reservados.

Se establece que la información que contiene este documento es veraz y coherente, ya que cualquier responsabilidad, en términos de falta de atención o de otro tipo, por el uso o abuso de cualquier política, proceso o dirección contenida en este documento será responsabilidad exclusiva y absoluta del lector receptor. Bajo ninguna circunstancia se hará responsable o culpable de forma legal al editor por cualquier reparación, daños o pérdida monetaria debido a la información aquí contenida, ya sea de forma directa o indirectamente.

Los respectivos autores son propietarios de todos los derechos de autor que no están en posesión del editor.

La información aquí contenida se ofrece únicamente con fines informativos y, como tal, es universal. La presentación de la información se realiza sin contrato ni ningún tipo de garantía.

Las marcas registradas utilizadas son sin ningún tipo de consentimiento y la publicación de la marca registrada es sin el permiso o respaldo del propietario de esta. Todas las marcas registradas y demás marcas incluidas en este libro son solo para fines de aclaración y son propiedad de los mismos propietarios, no están afiliadas a este documento.

TABLA DE CONTENIDO

parte 1 1

Introducción 2

Capítulo 1: Un Silencio De Un Millar De Palabra 6

Capítulo 2: Otro Idioma Real 12

Capítulo 3   Cómo El Lenguaje Corporal Impacta En La Comunicación - Retroalimentación 20

Capítulo 4: Cómo Utilizar El Propio Lenguaje Corporal 25

Chapter 5: Estrategia Básica Para Analizar A Las Personas. 30

Capítulo 6   Lenguaje Corporal Para Una Entrevista De Trabajo 36

Capítulo 7: Seis Errores En El Lenguaje Corporal 42

Capítulo 8: Mitos Del Lenguaje Corporal 50

Conclusión 55

Parte 2 57

Introducción 58

Capítulo 1: Lenguaje Corporal. El Secreto De La Comunicación No Verbal 59

Capítulo 2: Mejorando Su Carisma Y Su Capacidad De Persuasión 63

Capítulo 3: Construyendo Su Poder De Negociación 67

Capítulo 4: El Lenguaje Corporal Mejora Nuestras Habilidades Comunicativas 71

Capítulo 5: El Lenguaje Corporal Y La Comprensión De Las Relaciones 75

Capítulo 6: El Lenguaje Corporal Mejora Las Habilidades Sociales 78

Capítulo 7: Aprender El Lenguaje Corporal Promueve La Confianza En Uno Mismo 82

Capítulo 8: El Lenguaje Corporal Y El Liderazgo 85

Capítulo 9: Desarrollando La Inteligencia Emocional 89

Capítulo 10: Mejorando Sus Relaciones Usando El Lenguaje Corporal 94

Conclusión 98

Parte 1

Introducción

El lenguaje corporal es un idiona universal. Todos utilizamos signos corporales para la comunicación no verbal entre nosotros. La capácidad de comprender el lenguaje corporal es una de las herramientas más valoradas que se pueden tener para entender a los demás.

Entender lo que realmente se te comunica, lleva la conversación a un nivel completamente nuevo. Puedes hacer a las personas sentirse cómodos y relajadas, eres capaz de crear un sentimiento profundo de confianza. Te conviertes en alguienagradable.
 Todo estoes extremadamente útil porque en el fondo a las personas les gusta compartir su cariño, dar su apoyo y tratar sus temas con las persona con las que se sienten cómodos.

En resumen: cuanto más comprendes los pensamientos, sentimientos y necesidades de las otras personas, mejor sabes lo que quieren de ti; cuanto más consigas acercarte a ellos, más agradable les parecerás; cuanto más agradable seas más facilmente podrás conseguir lo que quieres.

Comprender el lenguaje corporal no es difícil en cuanto sabes lo esencial. Es como aprender a pensar en un nuevo idioma en el que aprender el distinto significado de gestos y expresiones.

Comprender el lenguaje corporal es parte de muchas profesiones. Normalmente los agentes de policía se entrenan para comprender el lenguaje corporal porque es una herramienta útil mientras interrogan a los sospechosso o hablan con los testigos. Los policías pueden determinar con facilidad, observando el lenguaje corporal de las otras personas, si la persona está o no mintiendo.

Compender el lenguaje corporal es sencial en las profesiones relacionadas con la educación. Sobre todo en niños es vital para los profesores comprender el lenguaje corporal. Por regla general los niños no son capaces de expresar sus sentimientos utilizando el vocabulario por tanto los educadores deben tener al menos una base de conocimiento del lenguaje corporal para comprender completamente lo que sus alumnos intentan decirles.

Si se trata de dar órdenes o comunicar ensajes es esencial comprender el lenguaje corporal. Si las personas con las que trabajas o siemplemnte interactúas conocen el lenguaje corporal es mucho más fácil comunicarte con ellos; además, la combinación correcta de lenguaje corporal y comunicación verbal llega a producir una comunicacón más efectiva.

Comprender el lenguaje corporal ayuda a las personas a representar su personalidad. POdría incluso haber gente que encuentras a en tu vida con quienes realmente nunca has cruzado una palabra pero de quienes sin embargo podrías hacerte una idea superficial de su modo de actuar simplemente basándote en su expresión no verbal. Es esa vibración de algún tipo de energía que notas cuando alguien está de buen o mal humor. Algo que se siente de algún modo sin que se diga con palabras.

Se debe al hecho de que tu subsconsciente comprende e interpreta el lenguaje corporal y te manda esa información que recoge mediante los sentimientos que despierta en ti la otra persona. No nos percatamos a nivel consciente de lo que motiva que sientas a los otros de una determinada manera, simplemente se sabe. Es sin más algo que se sabe de los otros y que está ahí quieras darte cuenta o no o te sientas más o menos involucrado.

Este libro te muestra esquemas probados y estrategias para inerpretar y utilizar el lenguaje corporal para que te comuniques sin basarte solo en señales verbales y vocales.

Aprenderas las claves y técnicas necesarias para entender mejor como realmente se sienten los otros por encima de lo que dicen. También te dará algunos trucos para ayudarte a controlar en tu beneficio cual es la percepción que el resto tiene de ti..

Capítulo 1: Un silencio de un millar de palabra

Puede parecer sorprendente cuando lo oyes por primera vez pero cada día tomamos la mayor parte de nuestras decisiones basándonos en los juicios que obtenemos gracias al lenuaje no verbal. Sé que puede parecer radical al princpio pero presta atención a los siguientes ejemplos:
Podemos nombrar infinidad de personas y estudios en un momento pero prefiero no profundiar tanto al principio; más adelante trataremos estos estudios pero en tu vida cotidiana puedo mostrarte como utilizas tus juicios basados en el lenguaje corporal para diseñar tu forma de actuar.
Has visto las entrevistas que se hacen en tu empresa. Alguna vez podrías tener que realiza alguna entrevista. Seguramente te has dado cuenta de que quienes son contratados son los que siguen los usos socialmente aceptables, mantienen el contacto visual, te chocan la mano con un choque firme, no se muestran nerviosos,

no miran a su alrededor ni tartamudean.

En definitiva los elegidosson aquellos que se muestran tan confiados y competentes como para conseguir el trabajo. Pero esto no es más que un ejemplo. Piensa en tu vida sentimental. Cundo te fijas en un hombre o una mujer que te atrae y quieres llamar su atención haces automáticamente cosas pra llamarla. Puede que hagas lo que hac todo el mundo y te pongas a reir en voz alta o a hablar fuerte. Quizás hagas un poco el payaso.

Si ves que se interesan, simplemente tienes que echar más madera al fuego pero si por el contrario te das cuenta de que les da igual, de que lleva anillo de compromiso o de que realmente no están por ti, terminas con el teatro.

Basas lo que haces en lo que las otras personas hacen.

Es una verdad que se diversifica incluso más allá de nuestra vida social.

En los juzgados, los acusados que lo son por alguna razón, pueden conseguir salir mejor parados si caen bien al juez y al jurado. Es subliminal y a menudo subconsciente pero la expresión facial, el contacto visual y sus señales corporales en general causan esta impresión en su entorno y por tanto obtienen sentencias más favorables o incluso salen libres de cargos.

Los políticos también forman parte de este mundo. Un estudio de Princeton mostró que lo que se percibe de la expresión facial de los políticos en un solo segundo influye un 70% en la intención de voto.

¿Por qué?

Porque damos mucha importancia a nuestra propia percepción de las cosas. No como son las cosas realmente sino como pensamos nosotros que son.

¿Nunca has conocido a alguien y habéis encontrado que tenéis conocidos en común, conexiones comunes? Quizás estas conexiones comunes son con alguien que no conoces bien pero que tu amigo conoce bastante bien. Empieza a contarte todo tipo de cosas que no sabías del conocido a quien tenéis en común y te das cuenta de que no las sabías porque jamás se las habías preguntado.

Puede que veas a esa persona cada día pero a lo mejor jamás has hablado con ella. Es posible que sea su expresión facil lo que te hace pensar que es poco agradable sin ni siquiera hablar con ella. Quizás sea la forma que tiene de colocar los brazos o como se sienta a la mesa en la comida. Incluso es posible que sea una combinación de cualquiera de estas cosas pero te das cuenta de que te ha creado una opinión sobre esta persona sin haber cruzado una sola palabara con ella.

Nos pasa igual con las personas que nos cruzamos por la calle y con quienes ponemos en posiciones de poder sobre nosotros y lo hacemos todos entre nosotros todos los días.

Piensa e este ejemplo:

Ves a uno de tus compañeros de trabajo, ese que normalmente ves siempre que irradia buen rollo y está contento, que hoy no sonríe. Hoy no levanta la vista del trabajo, no sale de su puesto, tiene una actitud bastante introvertida, centrada en sí.

Con todo esto entiendes que seguramente está de mal humor. No sabes la razón ni se la vas a preguntar, seguramente no te importa pero te alejas de esa persona y sigues adelante con tu día simplemente porque das por sentado que esos son sus sentimientos.

Un ejemplo perfecto de esta tendencia social es etiquetar a algunas peronas como "con cara de pocos amigos".

Si alguna vez haspasado algo de tiempo en las redes sociales, sabrás de lo que te hablo incluso puede que seas una de esas personas que tiene una de esas caras: alguien que tiene esta aparienca es poco amigable simplemente por la forma de su cara.

Estas personas pasan por la vida y los tratan como si no fuesen personas agradables por como es su cara en circunstancias normales. Hay cientos de chistes y vídeos que utilizan esta idea, si analizas las razones te darás cuenta de que tengo razón.

Creamos opiniones y juicios sobre personas basándonos en nada más que en la imagen que nos da de ellas su cara. Llevamos el tema más allá y tratamos a las personas de un cierto modo, votamos por ellos o nos creamos una opinión de estas personas basándonos en la percepción que tenemos de ellas.

No voya decir si esto está bien o mal si no simplemente que el hecho es cierto. Puedes utilizar esta verdad a tu favor dando la impresión de que eres de fiar, capaz y fácil de tratar. Si te muestras como un lider, se te tratará como a un líder.

Capítulo 2: Otro idioma real

Tienes que acordarte de cuando empezaste a estudiar un idioma nuevo en el instituto. Para algunos fue obligatorio. Tienes que cursar uno o dos años de otro idioma, bajad las manos, no hay más elección, no te dejan opinar.
Es posible que en tu instituto te dieran la oportunidad de elegir el idioma que querías aprender entre francés, alemán, idioma autóctono, lenguaje de signos o cualquier otro. Quienes eligieron el lenguaje de signos seguro que recuerdan a los otros chicos diciéndoles que hacer signos con las manos no es un idioma real y por tanto no era una asignatura de verdad.
Si has asistido a estas clases o has podido ver a dos personas hablando en lenguaje de signos te habrás dado cuenta de que es un idioma y de que es difícil de aprender al principio.
También estan las lenguas muertas. Lenguas que ya nadaie habla o que lo hace tan poca gente que no se las puede

considerar lenguas vivas Seguramente estarás pensando ahora mismo en el latín. Incluso aunque hay incontable terminología médica, legal e incluso religiosa en latín, esta lengua sigue considerándose como muerta.

Hay otra lengua que está sana y salva. Es seguramente el idioma más universal de todos, cualquiera puede leerlo sin pronunciar ninguna palabra.

Me refiero al lenguaje corporal.

Puedes dudar de si es un idioma real pero deja que te pare un momento. El lenguaje corporal, más conocido como comunicación no verbal en las ciencias sociales, es la muestra de una emoción o un pensamiento sin decir palabra alguna.

¿No te convences todavía?

Piensa en esto: como personas estamos entusiasmados con el lenguaje corporal. Si vemos a dos personas al otro lado de la calle haciéndose gestos agresivos el uno al otro, automáticamente nos paramos para ver que es lo que va a pasar después, Si vemos por la ventana a dos personas que están muy juntas y desbordan pasión, asumimos que van a llegar al paso siguiente.

Si un famoso o una persona de la alta sociedad hace un gestoo niega con un gesto, hablamos de este hecho duante semanas.

¿Por qué?
Porque queremos sabes que es lo que hay detrás de este gesto. Queremos saber porqué la persona hace un gesto o no lo hace, queremos saber porqué la gente se pelea o deciden no llegar más lejos, queremos saber más de la historia porque la parte de la historia que hemos leído en su lenguaje corporal no es suficiente para satisfacer nuestra curiosidad.

Mientras pasas todo el día enterándote del último cotilleo basado en el lenguaje corporal, puedes verlo ocurriendo a tu alrededor en tu día.

Tus citas te dicen que no les importa donde vayáis a cenar pero te percatas durante toda la noche que no querán ir al restaurante que elegiste. Tu jefe te dice buenos días como siempre pero te das cuenta de que algo va mal por el modo de interactuar que ha tenido.

Te parece que la persona del mostrador no te trata con respeto aunque no te haya dicho nada desagradable y seguro que te has encontrado en alguna situación en la que podías decir: "No me ha dicho nada pero es que no hacía falta. Se notaba..."

En toda y cada una de estas situaciones interpretabas el lenguaje corporal.

Recuerda todos interpretamos el lenguaje corporal durante todo el día del mismo modo que tú. Por lo tanto quiere decir que también otros te interpretan.

¿Que cuenta tu lenguaje corporal al mundo?

Práctica 1.
Tómate un momento ahora mismo y analiza cómo estás sentado. Ya estés en un despacho, en la biblioteca, en casa o en cualquier otro lugar no cambies tu posición, no te muevas.

Piensa en como te has sentado. ¿Estás echado?? ¿Piernas cruzadas? ¿Tienen los brazos colgando?

¿Ocupas tan poco espacio como puedes? O por el contrario has cogido tanto sitio como podías?
¿Cómo te presentas a quienes tienes a tu alrededor ahora mismo?
¿Te has analizado? Muy bien.
Lo que te has parado a analizar sobre ti mismo es lo que se llama expresión no verbal.
Todos subconscientemente nos expresamos de alguna manera ya lo pensemos o no. El modo en que te sientas, te pones de pie, te relajas o hablas a los otros resulta de la percepción que tienes de ti mismo.

¿El qué?
Es cierto. Nos dejamos llevar por el poder y la dominarción que sentimos que poseemos. Esto no pasa solamente en personas si no que los animales también lo hacen.

Si alguna vez has visto a un puesrcoespín o un tejón sabrás que cuando se enfrentan al peligro intentan mostrarse lo más grandes posible. Lo hacen para exhibirse delante de sus ofensores.

Los osos y los pájaros también lo hacen. En los primates también es común. En todos los animales se ve la misma reacción.

Acuérdate de los pavos o los pavos reales Giran alrededor de sí mismos con las colas abiertas mostrándolas a por encima del lomo para que todos las vean. Se puede decir cuando se muestran así que no temen a nada. Se muestran al mundo como ellos mismosse ven... los mejores.

Las personas hacemos lo mismo. Párate por un momento y puensa en las personas seguras de mismas que conoces. No se inclinan ante nada, no miran al suelo mientras hablan con otros.. No se agazapan en la sombra. Se quedan de pie, con la cabeza bien alta y se comen el mundo.

Lo mismo pasa con los atletas que vemos en los juegos olímpicos. Ya lo hagan mejor o peor, ¿cómo se comportan?

Abren los brazos moviéndolos hacia adelante y hacia afuera en V, miran al cielo, abren su cuerpo completamente. Esto lo hemos visto todos e incluso hemos copiado los gestos cuando hemos conseguido algo después de trabajo duro. Es expresión de poder y dominación.
Resulta interesante darse cuenta de que es un acto que nos sale de dentro. En otroas palabras, no hemos aprendido a hacerlo de esta forma compiándolo de lo que hemos visto en el mundo que nos rodea. Una persona ciega de nacimiento hará exactamente lo mismo cuando tenga ese sentimiento aunque nunca lo haya visto antes.

En cambio, ¿qué hacemos cuando nos sentimos que no tenemos poder?
Exactamente lo opuesto. Cuando sentimos que hemos perdido o que no podemos ganar nada (de manera literal o figurada) hacemos lo opuesto. Encogemos los brazos. Recogemos las piernas.
Intentamos ocupar el menor espacio posible para ni siquiera rozar el mundo

que nos rodea. Piensa en gente qe hayas visto comportarse así. Ruecuerda tu reacción ante ellos. Si son personas que no conoces te habrás preguntado que les pasa.

Si son personas que conoces pensarás que les pasa algo malo o si sabes lo que les ha pasado, si sabes porque lo hacen, los descriirás como debastados o emberrinchado. Sean cuales sean los pensamientos que te evoquen, lees los sentimientos según los que hacen en este sentido.

Capítulo 3   Cómo el lenguaje corporal impacta en la comunicación - Retroalimentación

Los seres humanos tienen dos oídos y una boca porque tienen que escuchar más que hablar. En inglés existe una forma de decirlo muy poética: "hablar mucho es tiempo perdido cuando se hace en las hora de trabajo y quien escucha es la fuente de agua, así poco trabajo se adelanta".

En situaciones extremas, la comunicación violenta, verbal o no verbal se utiliza en mucha relaciones humanas. En el libro "Non-Violent Communication" (comunicación no violenta), su autor, Rosenberg, ilustra la influencia de la comunicación violenta con palabras en el oema "Words are Windows" (las pabaras osn ventanas).

Tus palabras me sentencian
Me siento juzgado y condenado
Antes de ir necesito saber

si es esto lo que quieres decir.

Palabras condenando se lanzan habitualmente cada día en la conversaciones, son palabras degradantesmicro agresiones de lenguaje corporal. Puedes bloquear el canal de comunicación según la manera en la que utilices el vocabulario o los movimientos corporales. Puedes distanciarte o aislarte de amigos o familiares al cenurar su comunicación corporal. La comunicación efectiva tiene en consideración todos los aspectos de la vida humana incluido el paralenguaje de la comunicación. El paralenguaje está compuesto de los hechos vocales como la calidad de la voz el volumen y el ritmo que complementan la comunicación.

"El significado está en la mente", esta frase apunta a la idea de que lo que realmente se pretende en un discurso permanece por completo en la mente del orador.

"Un apretón de manos es un apretón de manos", quizás simplemente una expresión pero ¿cuál es el propósito del apretón de manos? ¿Qué se quiere expresar? ¿Dominación? ¿Amabilidad? ¿Lástima? El significado d esta expresión varía de un lugar a otro. La imagen que se muestra al inicio del siguiente capítulo arrojará más luz sobre las distintas interpretaciones y significados asociados con el choque de manos,

La comunidad Gbeya de la República Centroafricana valora el silencio en la conversación y la actitud se enfatiza con el proverbio: "Un discurso es algo interno que cuando sale fuera atrae a las moscas". Incluso Salomon en los proverbios insinúa que hasta un necio puede ser considerado sabio si mantiene la boca cerrada. Los momentos de comer tienen un lugar especial en esta cultura y esta comunidad. Se anima a que durante las comidas haya poca o ninguna conversación a menos que sea absolutamente necesario. El silencio o una pausa tiene distintos significados en las diferentes culturas.

¿Cuáles son los aspectos visuales de la comunicación no verbal? Lo más destacable son las expresiones faciales, los

gestos, el contacto visual, la postura y el tono de la voz.
La retroalimentación porporciona la respuesta de la comunicación del lenguaje corporal de cuatro modos llamados:
Cuatro tipos importantes de retroalimentación en la comunicación humana
1. La retroalimentación ayuda a ajustar el mensaje.
2. La retroalimentacion dirige a la apertura y la honestidad.
3. La retroalimentación ayuda a identificar los objetvos que pueden conseguirse.
4. La retroalimentación funciona como agente motivador.
La retroalimentación ayuda a ajustar la intención, "Lo que quería decir...".
La retroalimentacion apoya a la apertura y la honestidad porque realmente seve el alma a través de los ojos. La comunicacion puede romperse en textos y correos electrónicos porque hay una falta de contacto visual y de leer las expresiones.
La retroalimentación ayuda a buscar los objetivos alcanzables según las valoración

de las respuestas. Se puede aplicar en negociaciones como entrevistas de trabajo o en conversaciones personales con nuestra pareja. La retroalimentación puede actuar como agente motivador expresando ánimo para continuar el camino de la conversación. Si están intentando pedirle matrimonio a tu pareja, puede animarte el ver la alegría que muestra en la cara su mirada anticipándose a lo que va a pasar.

La comunicación puede no ser completa sin el sistema de siete signos que se señalan en el último capítulo de este libro, siete.

Capítulo 4: Cómo utilizar el propio lenguaje corporal

Ya se ha dicho anteriormente que el lenguaje corporal es una forma de comunicación no verbal mediante la cual se pueden enviar o recibir mensajes según los movimientos del cuerpo, los gestos, la expresión facial y otros similares. Existen gestos generales del lenguaje corporal que casi todos realizamos cada día. Pero, ¿sabes como hablar este idioma? ¿Puedes entender a otros cuando interpretas su lenguaje corporal? La importancia de saber como hablar utilizando el lenguaje corporal es tal que ahora puedes ejercer más control en las conversaciones que mantienes con otras personas recogiendo las claves no verbales y utilizando las tuyas propias para enviar los mensajes que normalmente pasan desapercibidas hacia la parte insconsciente de la mente.

Espacio personal

Cada uno de nosotros tiene su propio espacio personal. Es algo así como la zona de confort. Es una zona invisible que te rodea y que si alguien intenta invadir te hace sentir incómodo o amenazado. Este espacio personal depende de cada situación. Una persona que ha crecido en una ciudad con calles muy concurridas tiene un espacio personal menos amplio comparado con otra que vive en una zona rural. Aprender a respetar el espacio personal es uno de los modos más efectivos de comunicar entre dos pesonas o más mediante el lenguaje corporal. Los movimientos corporales y los gestor se reciben y comprenden mucho mejor cuando la distancia es la apropiada.

Gestos corporales y movimientos

En el leguaje corporal se utilizan algunas partes del cuerpo como ya se ha comentado. Las manos los brazos, las piernas, la cabeza y la postura del cuerpo comunican distintas cosas que el resto de personas interpreta inconscientemente. Si comprendes las señales que envías según tus gestos ya hemos dicho que estaás expresádote. Por ejemplo, si te ineresa que la otra persona sepa que estás interesado en él o en ella o en la conversación en general, mantén las manos abieras y mostrarás que estás abierto a ellos. Si escondes las manos y las metes en los bolsillos, inconscientemente sienten que les escondes algo o te estás aburriendo. Coloca la palma haci arriba y hacia afuera para mostrar que estás cómodo e interesado. Inclinar el cuerpo o dirigirlo hacia esa persona, también es señal de que estás escuchando al otro.

Sirve para causar buena impresión incluso en una situación más tensa como puede ser una entrevista de trabajo. Evita gestor que manden señales al otro de que estás nervioso, incómodo o simplemente desesperado. Algunsos de estos gestor son recolocarse inquietos, dar golpecitos con los dedos, arrastrar los pies o temblar. Estos actos muestran una falta de confianza.

Es posible hablar con un apretón de manos. Un apretón firme con la palma hacia el suelo y el brazo ligeramente extendido muestra confianza o poder. Por el contrario, uno debil y con la palma hacia arriba es indicativo de tensión o vergüenza.

Tienes que saber cual es el mensaje que transmites cuando cruzas los brazos. Esta es una de las acciones que tienes qie evitar porque dirá a otras personas que ocultas algo, mientes o estás impaciente.

Deja que tus ojos hablen. Tus ojos expresan claramente lo que sientes o deseas. El contacto visual es el elemente más importante del lenguaje corporal porque muestra muchas cosas entre otras interés, confianza, ganas de escuchar y sinceridad. La imposibilidad de mentner la mirada por un largo tiempo indica engaño o malestar.

Cuando aprendes a comunicarte utilizando el cuerpo te da cuenta de que es mucho más fácil para dar mensajes que solo utilizando palabras como siempre se ha hecho. Es muy útil dar el tipo de impresión que quieres crear en casi todas las situaciones. Existe una salvedad. Hay que tener en cuenta que no todo el mundo interpreta el lenguaje corporal del mismo modo. Algunas de estas reglas habituales son muy generales, con la experiencia aprenderás y afinarás tu capacidad para saber como la gente te responde.

Chapter 5: Estrategia básica para analizar a las personas.

Ahora que sabes más sobre como autoanalizarte, es el momento de analizar a los otros. Ya se ha dicho en el capítulo 1 que convertirse en una persona analítica tiene muchos beneficios que no vamos a detallar aquí. Desarrollar tus capacidades analíticas puede hacerte llevar una vida menos estresante. Analizar a las personas puede ser complicado y abrumador porque así es como somos los humanos. Hay sin embargo un sistema para tener una base sólida y los sentimientos "claros" que tiene una persona.

Los tres niveles de análisis

Cuando conoces a alguien por primera vez no tienes ninguna información sobre su personalidad. Tampoco tienes mucha información sobre ellos salvo que tal vez hayas oído algo de alguien que tengáis e común. ¿Por dónde empiezas el análisis?

La estrategia básica para estudiar a las personas desde que las conoces por primera vez hasta que tienes con ellos una relación más profunda se puede dividir en 3 niveles:

Nivel 1
El primer nivel de análisis se ocupa del trato general de la personas. Son las facetas más obvias de su personalidad. ¿Es comuniciativo y extrovertido o tranquilo e introvertido? ¿Es hablador y acogedor o precavido y reservado? A menudo es posible saber en que grado una personas es introvertida o extrovertida bastante rápidamente pero para ser un buen bservador ties que tomar notas mentales y no dejar pasar. Existen otros puntos que pueden darte información sobre la cuestión de la extroversión o introversión. ¿Es una persona emocional o más intelectual? ¿se le ve apasionado cuando habla o es más racional, se mete "con precaución" en la conversación? Saber en que poisición se encuentra en la escala entre lo emocional y lo raciónal te ayudará

conocer su reacciones en el futuo.

Nivel 2

Llegas al nivel 2 cuando tienes información sobre los objetivos que quire alcanzar esa perosna, como vive su vida, el modo en el que reacción a ante los conflictos y temas similares. ¿La persona "vive el momento" y no se preocupa en hacer o seguir planes o por el contrario se siente má cómodo con una estructura, teniédolo todo organizado y siguiendo las reglas? Una persona que "vive el momento" será más expontánea, adaptable al cambioy no se preocupará intentando encajar en un rol específico. Una persona estructurada estará nervioso cuando las cosas no siguen el plan y se siente feliz cuando todo está preparado.

Otra pregunta a responder es, ¿es una persona de "grandes ideas" que no se bloquea en los detalles o es todo lo contrario? Por ejemplo si los intereses de la persona tienden a lo oscuro y a lo encasillado, es probablemente una persona orientada al detalle mientras que si a la persona le gustan los deportes y las películas quizás tenga un expectro más amplio. Una persona detallista se centrará en unaspecto de algo mentras que alguienque tenga un espectro más amplio tendrá una visión más general, un alcance mayor.

Nivel 3
Para llevar al nivel 3 es necesario tener más información sobre la persona. Puedes alcanzar el nivel 3 con tus amigos o tus familiares. Habéis compartido muchas experiencias y los has visto en diversidad de situaciones. Sabes lo que les hace sentir incómodos y hacia donde tienden en su desarrollo. En el nivel 3 un observador recopila información y detalles de las personas que analizan y dan una visión complenta de ellas. Pueden incluso hacer afirmaciones sobre experiencias pasadas que no hayan compartido con sus amigos. Como un ejemplo muy básico, si un observador se da cuenta de que a sus amigos no les gustan los gatos y en situaciones donde hay un gato merodeando se da cuenta de que el amigo

siempre evita el contacto. Asume que su amigo tuvo una experiencia negativa con un gato en el pasado.

Un observador de nivel 3 puede llegar a ser mejor amigo, pareja o compañero y por tanto conocer las fortalezas y debilidades y anticiparse a su reacción en a diversos ambientes y situaciones. El observador sabrá como dirigir un conflicto, como relajar, como afrontar y más.

¿Cómo se recopila la información de alguien?

¿Cómo hace un observador exactamente para estudiar a una persona? ¿Cómo se recopila toda esta información pra poder alcanzar el nivel 3? El modo más obvio es escuchar a los otros. La palabras que utiliza y la conversación en sí revelan mucho sobre una persona, sin embargo como pasa con los icebergs la mayor parte de lo que una persona es se esconde debajo de la superficie. Existen tres vías para prestar atención si quieres llegar a lo que es una persona en su vertiente consciente y la incosnciente: el lenguaje corporal, la exresión facila y el modo en que habla.

El siguiente capítulo ahonda en estas tres vías con detalle para darte una idea de su significado y como sacar la información de ellas.

Capítulo 6   Lenguaje corporal para una entrevista de trabajo

Una entrevista de trabajo es el primero y más importante de los pasos hacia la obtención de un empleo. La clave para conseguir que nos contraten en ese trabajo en especial no solo depente de la documentación que has aportado. Tu empleador potencial considerará como eres, tucapacidad para demostrar confianza n tus capacidades y a realizar el trabajo. Consicente o inconscientemente ese empleador estudiará tu lenguaje corporal.

Sé concreto en tus acciones.

Este atento de como se mueve tu cuerpo o como actúa.

Una entrevista de trabajo es lo más esencial para ambos, empleador y solicitante, ya que es la base para tomar la decisión sobre el solicitante de la vacante del trabajo; de este modo, como solicitante, es importante que él o ella estén completamente preparados para la entrevista de trabajo. Debes recordar que el empeador o el entrevistador no solo tendrá en cuenta tu forma de vestir, tus credenciales o incluso su respuestas a sus preguntas, observará tu lenguaje corporal.

Tu lenguaje corporal dice a los otros que tipo de persona eres, tus emociones y tu estado mental. Un empleador buscará una persona de confianza y competente. Aí pues debes saber y aprender la postura que mantener, los movimientos que hacer y los gestos que evitar durante la entrevista.

Si quieres mostrar interés.

Para mostrar signos de interés asegúrate de tener contacto visual complento y mantenerlo. El contacto visual es signo de prestar atención a esa persona. Mover la cabeza con frecuencia o inclnar el cuerpo hacia esa persona incia que estás escuhándola.

Postura y movimientos coporales.

La entrevista normalmente empiera con un apretón de manos firme. Asegúrate de mirar a los ojos al entrevistador y de sonreir. Tu palma de la mano debe tocar la palma del entrevistador. Extiende el brazo un apunta con tu mano hacia abajo, Esto te colocará inmediatamente en una sensación positiva de confianza y compenetración del uno con el otro.

Deja que el etrevistador empiece con el espectáculo. Siéntate cuando y donde te lo pidan. La entrevistac correcta para la entrevista debe ser relajada aunque la espalda debe permanecer recta con la barbilla un poco elevada y kis hombros echados hacia atrás. No te sientes en el borde la silla porque indicará que estás nervioso o tenso. Simplemente relájate en la silla y coloca las manos sobre tus piernas. No se recomienda cruzar las pirtas aunque está bien siempre que la dirección de tu cuerpo sea hacia el entrevistador.

Esta postura muestra confianza que por el momento has de darte cuenta que es una de las cualidades que el empleador quiere ver.

Mantner una buenas postura realmete causa en la gente que te traten de maenra diferente. Te tratarán con más respeto.

Movimientos para impresionar.

Cuando respondas utiliza tus manos. Si muestras la palma de la mano cuando explicas algo, indica que estás relajado, eres honesto y se puede confiar en ti. El entrevistador pensarán que sabes de los que estás hablando. Si quieres marcar énfasis en algo lo puedes hacer con un puño cerrado pero no es el gesto más recomendable durante una entrevista.

Puedes mostrar interés y que estás escuchando con atención al entrevistador mediante movimientos de cabeza. Asentir con la cabeza es una forma de reforzar que comprendes y estas de acuerdo con lo que él o ella ha dicho. Incluso si hay ideas a las que te gustaría oponerte, afirmar con la cabeza es preferible a discutir porque discutir es la razón por la cual no conseguirás el trabajo.

Gestos que tienes que evitar.

Se debe evitar bostezar porque indica pereza y aburrimiento. No estires los músculos porque de hacerlo parecerá que estás tenso o incluso nervioso y sin confianza. Puede dar a entender al entrevistador que escondes algo o no tienes interés en el trabajo. NO te metas las manos en los bolsillo porque refleja tu ansiedad y malestar. La falta de confianza se ve muy reflajada cuando das golpecitos con los pies, golpeas con las puntas de los dedors o te mueves con nerviosismo.

Puedes mover las manos cuando hablas pero no abusar de ello. El exceso de movimiento puede distraer.

Algunos movimientos pueden interpretarse como de mala educación por muchas personas o incluso intentas no interactuar con ellos. Algunos de estos gestos son cruzar los brazos sobre el pecho, colocar objetos como libros o bolsas delante de ti, mirar la hora en el reloj o el reloj de pared, tocarte la barbilla, colocarte de pie muy cerca, mirar fijamente o sñalar con la mirada, la sonrisa forzada, colocar las manos en la cintura, tocarte la cara con frecuencia, pestañear más de lo habitual, dar golpes con los pies y muchos otros. Muchas de estos gestos se hacen de manera inconsciente pero aún así las personas con las que hablamos se pueden sentir ofendidas por estas acciones.

Otro gesto que debemos evitar es el movimiento frecuente de los ojos. Evita que tus ojos hagan pensar al entrevistador que no lo escuchas, que te aburres o que no te interesa.

Capítulo 7: Seis errores en el lenguaje corporal

Ya tienes una buena idea de como el cuerpo se expresa, como se lee en los otros y como se utiliza el lenguaje corporal para crear un conexión fuerte con otros. Antes de que uses lo que sabes en la calle, presta atención a los errores más comunes que la gente suele cometer. Acuérdate que tienes que aprender de tus errores en todo momento.

Intenta no preocuparte cuando te des cuenta de que comentes alguno de estos errores, ¡todos lo hacemos! Revisar los errores es uno de los mejores métodos de aprendizajede porqué dejar de hacer algo es generalmente más fácil que recordar añadir un pequeño gesto a tus interacciones cada vez que hablas con alguien.

El chico que gritaba "que viene el lobo".
Una de las puntos más impotantes en el lenguaje corporal es ser consistente entre lo que se expresa con el cuerpo y lo que

tenemos en la mente. Se puede mentir hasta un cierto punt antes de que tu cuerpo empiece a traicionarte y ya estés intentando o no convencer a alguien, esta persona empezará a pensar que muestras demasiada confianza cuando realmente no hay garantía de ello.
¿Por qué tienes que ser tan mal educado?
No tiene sentido que aprendas lenguaje corporal si luego vas a ignorar lo que has aprendido. Si escuchas un discurso y te parece aburrido no mires el reloj, no intentes saber la hora en tu reloj de bolsillo, no te sientes tan al canto del asiento que pareca que te vas a caer o empieces a moverte nerviosamente. Es el mejor momento para practicar la observacion del lenguaje corporal.
Si alguien te habla, asegúrate que consigues contacto visual y utilizas el lenguaje corporal para indicar que estás interesado y prestando atención. Si por el contrario quieres mostrar desdén utiliza el mecanismo contrario. Puede ser difícil prestar atención y respeto a alguien utilizando el lenguaje corporal si te pones

nervioso, si no te gusta o si estás cansado o simplemente no te interesa lo que está diciendo. En este caso la mejor opción es quedarse de pie e intentar mantener el mayot contacto visual posible hasta que llegue la oportunidad de salir de esa interacción.

Si notas que estás nervioso o socialmente incómodo intenta que tu entorno te apoye. Sentarse al lado de alguien rebaja la intensidad y la contración porque crea más espacion abierto y proximidad otra puede ser por ejemplo tomar notas te da la opción de descansar de mirar a los otros.

Ser ligeramente pedante

¿Has aprendido que aspectos de tu lenguaje corporal te aportan felicidad y respeto? No empieces a utilizarlos como conjuros mágicos en un video juego. El lenguaje corporal se tiene que se utilizar de manera natural o el resto del mundo pensará que intentas esconder algo o que eres irritantemente feliz o bueno. Si intentas vender algo o intimidar a la gente con tu lenguaje corporal no te soprendas si se dan cuenta de lo que estás haciendo. Los gestos con las manos deben utilizarse con mesura y no hay que en riesgo a quienes están a nuestro a alrededor de llevarse un tortazo. Tu postura no siempre ha de ser perfecta como la de un soldado en un desfile.

El principal objetivo del lenguaje corporal debe ser darte los trucos para llevarte a un nivel de emoción particular, no para convencer a los otros de que estás de este modo porque la primera parte de este enunciado funciona siempre mejor que la segunda y puede causar el efecto contrario al que quieres conseguir.

Falta de asertividad

Asertividad puede que no sea la palabra que mejor encaje en este contexto pero te da una idea de como tienes qe comportarte más acertadamente que con la idea vaga de no tener confianza en uno mismo. c Lo que tienes que evitar es pecar de ser sumiso cuando te pregunten o cuando hables con alquien con quien necesitas conectar. Esto significa que tienes que asegurarte de mantener el contacto visual aunque haciendo descansos en los que tienes que dirigir la mirada hacia un lado pero no hacia abajo. Puede significar querer preguntar a los otros cuando piensas que alno no es correcto o dirigir el tema de la conversación.

En términos generales debes evitar gestor infantiles o sin control. Si te das cuenta de que estás agitando mucho las manos, colócalas con cuidad sobre tu regazo o sobre la mesa. No querrás parecer desorientado o fuera de control siento demasiado expresivo con tu lenguaje corporal. Un apretón de manos desganado es quizás el mejor ejemplo de falta de asertividad

Dominación del mundo

Sí, la vida no es justa. De una parte puedes parecer débil y endeble mientras que por otra la gente te encontrará diminador. Esa es la razón por la que interpretar el lenguaje corporal es tan importante como utilizarlo correctamente. Muchos creen que muestras claras de confianza y bravura son la mejor opción en muchas situaciones. Sin embargo la confianza se muestra de muchas formas y en algunas situaciones intentar aparentar o ser muy intenso te hará parecer como que intentas impresionar con mucho esfuerzo a los otros o simplemente falta de autoconsciencia.

Si tratas con alguien que es más reservado, tranquilo, nervioso o quizás muy confiado en sí mismo has de adaptarte a esta situación. Estas personas por norma general quieren de ti un espacio y un lenguaje corporal menos energético. Significa que no tienes que acercarta mucho, no presionar los para que hablen y no ser tan abiertos con el lenguaje corporal como para llegar hasta el punto de llevarlos al límite.

Interpretarlo puede ser difícil al principio y necesitaás aprender a ajustar tus niveles de energía con otras personas. Verte en el otro y acertar e interpretar a los otros desde lo más fundamental te ayudará mucho en este sentido.

Conocer tu lugar en la jeraquía social es también importante. Si intentas ser demasiado asertivo con alguien que es tu superior o simplemente mayor seguramente se interpretará como irrespetusoso o arrogante. No es siempre tan obvio como parece a primera vista. Puede que tu rango sea técnicamente mayor que el de la secretaria de la oficina pero si llevan mucho tiempo en el negocio, querrás mostrarle respeto porque en algunos ámbitos tiene más control que tú aunque jerárquicamente sea inferior.

Frialdad

Partiendo desde le último error, cuando se es insensible a los sentimientos y a las normas del lugar en el que estás es a menudo un gran error utilizar le lengaje corporal. En la mayoría de los casos si tu lenguaje corporal resulta insensible es porque no has estado sensible con tus pensamientos y la comunicación. Si alguna vez te ves obligado a cruzar los brazos sobre el pecho porsque hace frío o así te sientes más cómodo, presta atención a lo que estás haciedno porque entonces cobra más importancia. Existe una curva de aprendizaje en ciertas situaciones que puede ser una escala. Si nunca has tenido que cuidar a una persona herida anteriormente, es difícil estar seguro de que estás usando el lengiaje corporal más adecuado.

Quienes no han estado rodeados de niños verán que el lenguaje corporal que hay que usar con ellos puede ser desconcertante a veces porque no tiene mucho que ver con lo que suelen utilizar normalmente ya que los niños no están generalmente acostumbrados a las normas sociales. Asegurate de estar alerta, atento y sensible con la situación en la que te vas a encontrar, lo que la otra persona espera de ti y si lo que realmente expresa tu cuerpo cumple sus expectativas o no.

Capítulo 8: Mitos del lenguaje corporal

Tienes buena idea de como actúan las distintas partes del cuerpo y como indican las diferentes cosas; sin embargo, hay muchos mitos sobre como funciona el lenguaje corporal que sugieren que unas cosas u otras dan o no una falsa impresión en este idioma. Esta sección cubre y desvela unos pocos de los mitos más generalizados.

No están mirando - TIENEN QUE ESTAR MINTIENDO

Es bastante común haber escuchado y leído que las personas que no mantienen contacto visual tienen algo que esconder y hacen sentir incómodos al resto. Es fácil de desmentir. ¿Puedes pensar en todas la veces en las que alguien no ha mantenido contacto visual? ¿Te parecieron malintencionados, malvados o con intención de engañarte? La mayoría de las veces parecen nerviosos o tímidos. El contacto visual es importate porque demuestra que prestas atención y demuestras confianza y fortaleza. No significa que el contacto visual tenga cualquier valor inherentemente moral.

Es fácil coger al mentiroso...

La verdad es que la gente es realmente buena mintiendo con lo que dicen con palabras y lo que expresan con su cuerpo: el mejor método para averiguar si alguien te miente es utilizar el razonamiento básico. Si piensas en las mentiras que diceslo sabrás como a lo que me refiero. A menudo mientes sobre cosas sobre las que no estàs seguro o sobre otras de as que estás casi completamente convencido. Tu cuerpo no miente a menos que no esté mintiedo desde el primer momento.

Por otra parte si conoces bien a alguien y has identificado sus "historias", que son actos de comportamiento que lleva a cabo cuando miente, puedes utilizarlas como gancho para pescarlo cuando está mintiendo. Todo el mundo tiene unos hábitos y muchos tienen historias o puntos de anclaje que fijan cuando mienten. Estos detalles pueden ser tan simples como tocarse la nariz, dar golpecitos con los dedos en la mesa o tocarse la barbilla.

Lenguaje corporal fuerte y dominante = PODER

Es tentador pensar así pero la realidad es que frecuentemente se trabaja para gente que no proyecta su influencia con posición de macho alfa pero sí un control sutil de la sala por su autoconfianza y seguridad en sí mismo. Estas personas son incapaces de tener gestos débiles o posturas cerradas pero pueden no utilizar lenguaje corporal o gestos de control pero a menudo muchos los respetan. Si intentas mantener el el control en una situación en la que no se debe mantener, puede que te descubras creandote enemigos o haciendo sentir a los otros que estás pasándote de la raya. Un lenguaje corporal muy fuerte es de ayuda pero no te asegura el control y la gente se dará cuenta de lo que intentas hacer.

El 93% de la comunicación es no verbal.

El 7% de la comunicación es lo que se dice: esta estadística a la que se hace mención es de un estudio de hace 60 años basado en unos cuantos casos muy concretos. En estudios más actuales los investigadores no han encontrado ningún sitio donde se base que el lenguaje corporal tiene tanta importancia, y, realmente los otros no están tan preparados como para comprender el lenguaje corporal por si mismo de los otros.

Hace mucho se dijo qe deberías considerar el modo en el que te comunicas con otras personas que no hablan tu idioma y como lo harías para hablar con ellas,imagina que lo haces sin propósito alguno o sin contexto y sólo utilizando tu cuerpo. Si la comunicación estuviera compuesta de este 93% por el lenguaje corporal, las adivinanzas no serían un juego.

Lo que demuestran estas estadísticas es el alcance que tienen los distintos modos de comunicar. Las palabras son solo parte de una gran variedad de herramientas y y todas las estadísticas y los distintos porcentajes sobre su importancia no son tan importantes como pensar en como te comunicas y lo que es significante.

Puedes leer la mente de la gente...

El lenguaje corporal te da mucha información y es importante el modo en que mejora la empatíay te ayuda a expresarte por completo. Sin embargo la realidad es que solo puedes utilizarlo para ayudarte a hacer conjeturas y generalizaciones.

Si alguien muestra un lenguaje corporal cerrado y tiene el ceño fruncido te dice que no se siente positivo pero no se puede contar mucho más. Puede que simplemetn esté estreñido. Los trucos mentales de los Jedi están lejos del lenguaje corporal auqneu si tienes un nivel altamente bueno, te sorprenderás de las veces que no lo tienes, encontrarás que no te equivocas cuando lo interpretes en frío y analices como fueron las interacciones sociales.

Conclusión

Gracias por elegir este libro y empezar por el principio para mejorar tus capacidades de comunicación mejorando tu comprensión del leguaje corporal. Espero que puedas utilizar eficientemente lo que hemos compartido para que seas más feliz, tengas más confianza y tu vida sea más plena.

El siguiente paso es poner en práctica en la calle lo que has aprendido. Experimente con tu familia y tus amigos y vete reflejado en ellos cuando veas como reaccionan a lo que haces cuando muestras ciertos gestos o movimientos. El mejor modo para utilizar un lenguaje corporal más amigable y efectivo es practicarlo cuando no sea relevante el resultado, cuando compras en la tienda cada semana o ayudas a alguien con una dirección en la calle. Cuando hagas a quienes te rodean más felices y consigas que estén mas a gusto, se convertirá en un un comportamiento automático para ti.

Lo más importante es que utilices el

lenguaje corporal con responsabilidad y no olvodes que el resto del mundo mira lo que haces y escucha lo que dices con tu cuerpo. No es una buena estrategia para caer bien o mantener una larga amistad el tratar intimidar o sacar ventaja de los otros con el lenguaje corporal. Aprovechr bien el lenguaje corporal no reemplaza las fortalezas personas, un buen conocimiento de base y el trabajo duro. El lenguaje corporal, por el contrario, mejora estas fortalezas si se lleva a cabo correctamente y te da la confianza y la fortaleza necesaria para sacar a reucir la mejor versión posible de ti y te permite dejar de esconderte de malos hábitos que hayas adquirido en el futuruo.

Parte 2

Introducción

Quiero agradecerle y felicitarle por haber comprado este libro.

Este libro contiene pasos probados y estrategias sobre cómo usar el lenguaje corporal en diferentes tipos de interacción social para conseguir distintos objetivos sociales.

Este libro le ayudará a entender y a poner en uso diferentes tipos de comunicaciones no verbales. Usando los principios y las instrucciones aquí mostradas, aprenderá cuáles son los mejores tipos de lenguaje corporal para usar en distintos tipos de situaciones sociales.

Al practicar estos principios, será capaz de mejorar muchos aspectos de su vida como sus relaciones, su carrera y su vida social en general.

Gracias de nuevo por la compra, y espero que lo disfrute.

Capítulo 1: Lenguaje corporal. El secreto de la comunicación no verbal

El estudio del lenguaje corporal no tiene mucho tiempo, y sin embargo ya nos ha contado mucho sobre la forma en la que socializamos con la gente de nuestro alrededor. El lenguaje corporal nos da el privilegio de entender los verdaderos motivos de las personas cuando se interactúa con ellas.

Antes de que empezásemos a aprender sobre el tema, veíamos el discurso como nuestro único medio para comunicarnos. Ahora hemos aprendido que, a parte del discurso, usamos formas no verbales de comunicación para hacer llegar nuestro mensaje de forma más efectiva. Usamos el lenguaje corporal pasivamente, para comunicar sin tener que pensar en ello.

Aunque todos nosotros usamos este lenguaje, no todo el mundo sabe como interpretarlo activamente. Estamos naturalmente programados para interpretar el lenguaje corporal, pero lo hacemos en un nivel subconsciente. Vemos los signos y las señales del lenguaje corporal de otras personas y reaccionamos a ellos. No obstante, la mayoría de nosotros no puede explicar por qué reaccionamos de una manera determinada a estas señales no verbales.

Esta es la razón por la cual estudiamos la comunicación no verbal. Si aprendemos cómo funciona el lenguaje corporal, seremos capaces de apreciar cómo funciona la mente. También podremos usar el lenguaje corporal activamente para conseguir nuestros objetivos personales.

Leer y reaccionar al lenguaje corporal de forma precisa es un poder que todavía tiene que ser completamente explorado. Para poder organizarnos, necesitamos analizar las diferentes partes del cuerpo y cómo se usan de forma pasiva. Solamente en nuestra cara existen muchos aspectos que se pueden observar al estudiar la comunicación no verbal. Los labios y los ojos son los que más atención reciben. Sin embargo, podríamos estudiar cómo se arrugan ciertas partes de la cara al sentir ciertas emociones.

Otro aspecto importante que necesitamos observar son los gestos. Los movimientos de las manos nunca suelen ser controlados. Cuando reaccionamos a un determinado estímulo, nuestros reflejos nos hacen movernos antes que podamos incluso pensar en hacer algo. Es un mecanismo de supervivencia que nos permite reaccionar rápidamente en caso de peligro. Estos gestos también son señales para decirle a la gente cómo nos sentimos y qué se nos pasa por la cabeza.

Nuestra postura es también una forma de comunicación no verbal. Cómo estamos, nos sentamos y andamos dice mucho de nosotros y de lo seguros que estamos. Cambiar nuestra postura al sentarnos cuando conocemos a alguien atractivo, por ejemplo, es una forma muy común de usar el lenguaje corporal.

Importancia del lenguaje corporal

Nuestro lenguaje corporal afecta no solo a nuestra forma de hablar, sino a nuestro éxito en nuestras carreras, economía y vida familiar. Cualquier profesión que implique interacción con gente puede aprovechar el lenguaje corporal. Al aprender cómo lo usamos, podemos controlar una habilidad que muy pocos han conseguido dominar.

Si queremos controlar los mensajes no verbales que enviamos, debemos controlar nuestro lenguaje corporal.

Capítulo 2: Mejorando su carisma y su capacidad de persuasión

El carisma y la persuasión van de la mano. Si se tiene carisma, la persuasión es fácil de conseguir. Las personas carismáticas tienen muchas características beneficiosas, que incluyen movimientos corporales agradables cuando se encuentran ante una multitud. Podemos ser carismáticos usando el lenguaje corporal.

El carisma o el encanto son nuestro grado de simpatía. Para ser capaces de construir carisma, necesitamos crear una buena impresión en la gente que nos rodea. No debemos solo tener una buena relación con ellos, debemos hacerles sentir importantes.

Hacer llegar el mensaje correcto

Si se quiere usar el lenguaje corporal para ser carismático, se deben aprender las características que hacer que una persona sea atractiva. Hay algunas respuestas obvias como la confianza y la seguridad emocional. La gente se siente atraída por el carácter misterioso, pero también quieren cierto grado de previsibilidad. Hay que encontrar el equilibrio entre ambas.

La gente agradable emite un aura positiva y permite a los demás ser ellos mismos. También son astutos al interaccionar. No muestran una confrontación directa hacia otras personas. Llevan a cabo sus batallas sociales tras el telón, donde los demás no los pueden ver en un conflicto.

Ahora que sabemos qué cualidades hacen que una persona sea agradable y carismática, es momento de aprender cómo incluirlas en nuestro lenguaje corporal. La confianza puede mostrarse al estar o sentarse recto mientras se alza el pecho. Mantener el cuello recto también nos hace parecer seguros de nosotros mismos.

Seremos más convincentes y persuasivos si elegimos el momento correcto para sonreír. No se debe sonreír cuando la situación es tensa. Hacerlo en estos momentos es señal de debilidad y sumisión. Sólo se debe sonreír cuando se está verdaderamente feliz.

También hay que hacer uso de gestos socialmente aceptables cuando se conoce gente nueva. Estos varían de cultura en cultura, pero en las sociedades occidentales se usa el apretón de manos. Debe ser firme y se debe mirar siempre a la persona a la cual se está saludando. Esto dará una buena impresión de nosotros. Si se está convenciendo a alguien para un acuerdo o trato, un apretón de manos al comienzo de la reunión es una forma de preparación mental. Crea la idea de un acuerdo o trato cerrado. Si se hace esto, hay una alta probabilidad de que el acuerdo se cierre.

Una de las mejores formas de persuadir a los demás para que hagan lo que necesitamos es mostrarles que también beneficioso para ellos que nos sigan. Mucha gente lo lleva a cabo haciendo favores a los demás. Al hacer esto, se evoca la ley de reciprocidad en sus mentes. Se sienten obligados a hacer lo que les pidamos.

Nuestro poder para hacer esto será mas fuerte si mostramos a las personas que nos rodean que somos una persona importante a través de nuestro lenguaje corporal. Otras personas querrán hacer cosas por nosotros si piensan que somos importantes. Podemos hacerles sentir así usando los movimientos corporales carismáticos mencionados anteriormente.

Capítulo 3: Construyendo su poder de negociación

Las habilidades de negociación deberían mejorar considerablemente junto con la habilidad de usar la comunicación no verbal. Por ejemplo, si nos mantenemos encorvados durante una negociación, nuestro competidor pensará que somos débiles y esto les permitirá tener más confianza según la negociación avanza.

Igual que cuando mejoramos nuestra habilidad de persuasión, también deberíamos mostrar poder en la mesa de negociación. Deberíamos empezar siempre con un apretón de manos firme. Esto hará que nuestro rival se muestre cauteloso y sea consciente de que somos la persona más poderosa en la habitación.

Al negociar debemos robar a nuestro rival el privilegio de nuestra atención completa cuando esté hablando. Cuando declaren su reclamo o cuando intenten que aceptemos sus términos, escuchémoslos, pero que parezca que nuestra atención está dividida. Podemos mirar a la ventana mientras están hablando, o arreglar nuestra ropa mientras intentan hacernos escuchar. Cuando estén hablando, que nunca parezca que estamos comprometidos con su mensaje. Podemos añadir interjecciones que interrumpan su discurso, también. Algunos ejemplos de palabras que podemos usar son "realmente", "interesante", "mmm". Estas palabras pueden hacer que uno piense que estamos escuchando, cuando realmente nuestra verdadera intención es interrumpir su cadena de pensamiento.

Debemos tomar el escenario siempre que podamos cuando estemos en la mesa de negociación. Hay que interrumpir a la otra parte siempre que no estemos de acuerdo con lo que esté diciendo. En este tipo de reuniones, la oportunidad de hablar es una forma de poder. Si tenemos más oportunidades para hablar, tendremos más oportunidades para cerrar el acuerdo y convencer a las otras partes de los términos que queremos. Cuando interrumpimos a los demás cuando están hablando, hay que asegurarse que nuestros gestos son exagerados y fácilmente visibles. Levantarse de repente, por ejemplo, atraerá de seguro la atención de los demás y dejarán de hablar. Cuando lo hagan, es momento de tomar la palabra. Debemos asegurarnos de que siempre sabemos de lo que hablamos y de no dudar nunca cuando estemos hablando. Podemos conseguirlo asegurándonos de que siempre llegamos preparados a la negociación preparados.

También debemos ser conscientes de las señales que indican que nuestro rival se está cansando y que es momento de cerrar el acuerdo bajo nuestros términos. Suspirar y bostezar son las señales más obvias, pero debemos estar atentos para detectar otras como bajar los hombros o la caída de los ojos. Cuando estamos cansados y hemos estado sentados en la misma posición durante algún tiempo, nuestra postura tiende a sufrir.

Cuando tengamos la palabra, nuestra energía debe estar alta y debemos asegurarnos de que nuestro mensaje se transmita de forma convincente. Nuestro dominio nos impedirá mostrar signos de debilidad. A medida que nos volvamos más dominantes como negociadores, seremos capaces de cerrar más acuerdos bajo nuestras condiciones y nunca dejaremos que las ideas de los demás nos detengan.

Capítulo 4: El lenguaje corporal mejora nuestras habilidades comunicativas

Una persona consciente del lenguaje corporal sabe cómo hacer llegar los mensajes correctos tanto en situaciones verbales como no verbales. Existen muchos libros que enseñan a usar el lenguaje y el discurso para ser un comunicador excelente. Este libro se centrará en las habilidades de la comunicación no verbal que pueden usarse para mejorar cómo hacer llegar nuestros mensajes y conseguir la respuesta correcta.

Los grandes comunicadores muestran un interés genuino

Un buen comunicador puede hacernos sentir cómodos al empatizar con nosotros. Nos sentiremos bienvenidos y felices de hablar con ellos porque sentimos que tienen interés en lo que están diciendo. Si queremos mostrar ese interés en otras personas, debemos mirarlos de forma constante mientras estén hablando. Nuestra posición corporal debería estar orientada hacia ellos. Inclinar la cabeza suavemente les permitirá saber que estamos escuchando.

Los grandes comunicadores muestran que tienen el mensaje bien pensado

Podemos lograr esto asegurándonos de que redactamos los mensajes de forma apropiada antes de decirlos. Esto nos permitirá evitar sonidos de relleno como "um" o "eh" al hablar. Podemos darle más fuerza al mensaje a través de gestos para asegurarnos de que se recibe correctamente. Los gestos rápidos hacen a la gente pensar que estamos seguros de lo que decimos. Practicar nuestros gestos en frente de un espejo hará que salgan de forma natural cuando estemos enviando un mensaje.

Los grandes comunicadores mejoran sus habilidades no verbales

Una de las mejores maneras de mejorar nuestras habilidades es siguiendo a un mentor en nuestro trabajo o en nuestra familia. Todos tenemos a una persona a la que respetamos. Nos gusta estar cerca de ella y adoramos oírlos hablar y moverse y gesticular. Es recomendable encontrar a un mentor en nuestra vida familiar o profesional al que imitar.

Cuando les observemos, hay que estudiar sus hábitos y maneras que otras personas no tienen. Pueden ser gestos pequeños, expresiones faciales o una forma de hablar. Deberíamos tomar nota de los cambios en cómo se posicionan frente a varios tipos de confrontaciones. Observemos la diferencia en su posición de pie o sentados cuando están relajados a cuando están tensos.

Los grandes comunicadores son expertos en reflejar a su público

Cuando estemos hablando con una persona que acabemos de conocer, podemos crear una relación mucho más rápido si imitamos sus movimientos. Esto da a la otra persona la impresión de que tenemos algo en común, lo cual hace que la situación sea más propicia para la comunicación, incluso entre extraños. Cuando imitamos el comportamiento de los demás, se abrirán más a sugerencias como hacer un favor o cerrar un trato.

Capítulo 5: El lenguaje corporal y la comprensión de las relaciones

Nuestro conocimiento en el uso del lenguaje corporal puede usarse en cualquier tipo de relación. Podemos usarlo para aprender sobre los intereses de otra gente en nosotros. También para conocer el estado de ánimo de nuestros familiares.

Detectar el interés

Según las estadísticas, cuando las mujeres muestran interés, se inclinan más por el uso del lenguaje corporal. Hablan menos con los hombres sobre sus intereses, pero se lo mostrarán de otras formas para hacer que ellos den el primer paso. No obstante, esto va en contra de las mujeres, porque muchos a muchos hombres no se les da muy bien detectar estas señales. Están programados para pensar que cualquier señal de simple amistad es una señal para dar el paso.

Detectar la ira

También es necesario detectar la ira entre

las personas que nos rodean. Las mujeres tienden a mostrar la ira de forma distinta a los hombres.Los hombres son verbales y hablan directamente sobre su ira. Los hombres maduros hablan de forma lógica sobre las cosas que les molestan mientras que los hombres más inmaduros tienden a usar la transferencia de la ira. Las expresiones faciales de los hombres nos dirán fácilmente que están enfadados. Su mirada se vuelve más intensa y los músculos de la mandíbula se vuelven más pronunciados.

Las mujeres, por otra parte, muestra la ira evitando el tema que les hace sentir enfadadas. Cuando se les pregunta sobre ello, usarán expresiones típicas como "nada" o "lo que sea". Sabremos que están enfadadas porque intentarán no mostrar ninguna señal de atención cariñosa. Esta es su manera de mostrar la ira.

Saber cuándo ella pierde interés

Un hombre debería ser consciente de las señales que indican que una mujer está perdiendo interés en él para poder asegurarse de que la relación permanece intacta. En la mayoría de los casos, las mujeres tienden a retirar los signos de vulnerabilidad cuando pierden el interés. Intentan evitar mostrar partes del cuerpo que son sensibles al tacto como la muñeca y las zonas interiores de la parte superior del brazo. También evitarán mostrar el cuello. Las mujeres dominantes que no quieran mostrar vulnerabilidad querrán usar el espacio que las rodea. Cuando lleven bolso, las mujeres que no se sienten cómodas con el hombre con el que están se aferrarán a sus bolsos y no dejarán que el hombre se acerque.

Un hombre puede ganar el interés de una mujer de vuelta haciendo gestos que ella encuentre significativos. Cada mujer tiene una definición distinta de gesto significativo y es la responsabilidad del hombre conocer el gesto adecuado.

Capítulo 6: El lenguaje corporal mejora las habilidades sociales

Las habilidades de presentarnos de forma social son importantes en nuestra carrera y en nuestra vida social. Muchos arribistas en el pasado han creado personajes que usan cuando se encuentran en eventos sociales. Muy parecido a un actor cuando actúa, practican sus gestos, su forma de andar y su postura cuando están de pie. Solo con la práctica podemos recrear de forma consistente nuestro personaje y la mejor manera de practicar es asistir a eventos sociales siempre que se pueda.

Cuando estemos en dichos eventos, necesitamos tener objetivos claros de la imagen que estamos intentando proyectar. Si queremos que la gente piense que somos poderosos, necesitamos mostrárselo a través de cómo nos movemos. Cuando la atención de todos esté sobre nosotros, debemos saber cómo comportarnos. Nuestros movimientos y lenguaje corporal dicen un montón sobre los papeles que tenemos en la sociedad. Muchas de las interacciones sociales se establecen con la primera impresión que damos a los demás. Debemos establecer nuestro personaje desde la primera vez que conocemos a una determinada persona. Si fracasamos al intentar establecer nuestra imagen deseada en este punto de la interacción social, será difícil cambiar la percepción de la gente de nosotros en un futuro.

Al establecer nuestra primera impresión, necesitamos considerar unos factores determinados. Primero debemos tener en cuenta la imagen que queremos proyectar. Nuestro objetivo es mostrar la imagen correcta a nuestra audiencia. Algunas personas practican los movimientos y los discursos que necesitan hacer llegar para ser capaces de establecer su imagen deseada. Deberíamos considerar nuestro uso del espacio. Los hombres, por ejemplo, tienden generalmente a tener una postura amplia para mostrar que son dominantes. Si ser dominante es nuestro objetivo, debemos hacer lo mismo. Aquí también se puede incluir el rango de movilidad que usamos cuando hacemos gestos. El apretón de manos es un factor importante que hay que tener en cuenta.

No necesitamos considerar estos factores cuando vayamos a eventos informales con amigos, pero son importantes si nos encontramos en situaciones profesionales como una entrevista de trabajo o cuando estemos discutiendo un acuerdo de negocios.

En casi todas las interacciones sociales, necesitamos asegurarnos de que parecemos poderosos. Para conseguir esta imagen, hay que elegir nuestra postura cuando estemos en frente de una multitud. La gente poderosa suele tener la postura en la que son más altos que los demás, o en la que les hace más prominentes. Debemos eejercer el mismo proceso de toma de decisiones al elegir dónde sentarnos en una mesa. Hay que evitar las posiciones donde parezcamos insignificantes o incómodos. Generalmente, estos son los sitios o lugares donde pareceremos pequeños o inestables.

Si queremos parecer amables, nuestro objetivo es mostrar interés genuino en la persona con la que estemos hablando. Si queremos jugar a la política, necesitamos saber en frente de quién estamos y hay que actuar de forma acorde basándonos en la posición del otro o en su poder. Usando el lenguaje corporal, conseguiremos de forma sencilla nuestros objetivos en situaciones sociales importantes.

Capítulo 7: Aprender el lenguaje corporal promueve la confianza en uno mismo

Una persona que sabe cómo actuar en público acabará ganando confianza en uno mismo en cualquier tipo de interacción social. Estar frente a un público y frente a gente nueva son algunas de las peores experiencias para algunas personas. Pero los grandes comunicadores prosperan en este tipo de interacciones. No se asustan por estas oportunidades porque saben que pueden ganar mucho de ellas.

También debemos considerar las cosas que ganaremos al tener confianza en nuestros movimientos corporales. Por ejemplo, mejoraremos significativamente nuestras relaciones. Si estamos solteros, tendremos una oportunidad mayor de tener éxito al conocer los tipos de hombres y mujeres que merecemos. Si ya estamos en una relación, seremos capaces de obtener información valiosa sobre esta, que puede usarse para guiar nuestro comportamiento.

Al tener confianza en nuestro lenguaje corporal, tendremos más oportunidades de mejorar otros aspectos de nuestra vida que requieran interacciones sociales. Podemos mejorar nuestra carrera, así como nuestra salud financiera. También conoceremos nuevas personas que pueden hacer que nuestra vida sea más interesante.

Ahora que somos conscientes del uso correcto del lenguaje corporal, deberíamos poner a prueba de forma continua los efectos de los diferentes movimientos del cuerpo en el comportamiento de las personas que nos rodean. Responderán de forma distinta a nuestros movimientos y, al ponerlo a prueba en situaciones sociales diferentes, seremos capaces de identificar cuales son más efectivos para usar en momentos importantes.

Los movimientos corporales tienen diferentes efectos en la gente que nos rodea. Existen factores que están presentes solo en nuestra situación única.

En la mayoría de los casos, nuestra cultura, religión, edad y etnia tiene un efecto en la reacción de la gente hacia nuestro lenguaje corporal. Seremos solo capaces de aprender los tipos de lenguaje corporal más efectivos al practicarlos con los que nos rodean.

Deberíamos escoger los gestos que salen de forma natural. Los movimientos apropiados, gestos y expresiones adecuados a cada uno dependerán del tipo de cuerpo y de las preferencias al moverse. Al elegir los movimientos apropiados a nuestro cuerpo, ganaremos confianza al usarlos en frente de otras personas.

Capítulo 8: El lenguaje corporal y el liderazgo

No se puede ser un verdadero líder si no se consigue la confianza de los demás. La gente se inclina más a seguir a aquellos que muestran con su lenguaje corporal arrojo y confianza. Muchos consejeros políticos han realizado carreras basadas en hacer creer que algunas personas están hechas para liderar.

Podemos volvernos un líder más efectivo al mostrar el mismo gesto y las mismas expresiones faciales que muchos políticos famosos muestran. La próxima vez que el presidente aparezca en televisión dando un discurso, por ejemplo, podemos tomar nota de su posición y de los gestos que haga. Debemos observar cómo sus ojos miran, y como sus labios se mueven cuando habla. Cuando nos dirigimos a un gran grupo de gente, por ejemplo, nuestra primera reacción es sonreír para suavizar el momento. Mucha gente no seguirá a un líder que empiece su discurso con una sonrisa. Otras culturas ven las sonrisas como un signo de debilidad más que de fuerza.

Para ser un líder efectivo, deberíamos mostrar que somos el hombre o la mujer que deben hacer el trabajo. Esto se puede hacer demostrando que somos la persona al mando. La gente se sentirá así si mostramos dominancia sobre nuestros seguidores.

Un líder dominante es un experto al usar el contacto visual. Cuando está hablando, no tiene miedo de mirar a la otra persona a los ojos. Los movimientos visuales de líderes eficaces también tienden a estar controlados. Nuestra mirada debería estar donde nosotros queramos. Los movimientos de nuestros ojos deberían ser suaves y no rápidos. A muchos líderes tampoco les importa mirar a los demás durante mucho tiempo. Esto muestra confianza y fuerza. Miran a la otra persona con un fin funcional, para asegurarse de que no parecen groseros ni extraños.

Un líder dominante puede hacer que los demás se sientan bien con sus movimientos. Cuando están hablando con otras personas, hacen sentir a su audiencia que también son importantes. Lo hacen dejando que la audiencia sepa, a través de su lenguaje corporal, que está hablando directamente con ellos. Para hacer que nuestra audiencia sepa que nuestra atención está con ellos debemos mirarlos directamente con todo nuestro cuerpo. Mirarlos directamente a los ojos y hacer que nuestra voz sea más grave al hablar. Al llegar a partes más importantes de nuestro discurso, podemos entrecerrar los ojos. Muchas personas de éxito usan este tipo de mirada, como Donald Trump y Clint Eastwood.

Rebelándose contra la autoridad

Si alguien está intentando ejercer su dominio sobre nosotros, evitar ligeramente el contacto visual puede hacer que se sienta incómodo. Los padres suelen requerir que sus hijos los miren cuando hablan. Negarles la atención es similar a negarles el poder. Para hacer esto de manera efectiva, debemos mirar a un lado y mirar a algo durante un largo período de tiempo cuando la persona que está tratando de ejercer su autoridad sobre nosotros esté hablando. No debemos mirar hacia abajo porque es similar a la sumisión, parecido a cuando un niño mira hacia abajo cuando le están riñendo.

Cuando la persona que trata de ejercer su autoridad termine de hablar y sea nuestro turno de hacerlo, es el momento de mirarlos directamente a los ojos. Este es el momento en el que dejamos de rebelarnos contra la autoridad del otro y empezamos a ejercer nuestro propio dominio. Puede hacerse de una manera muy sutil.

Cuando un subordinado trata de oponerse a un líder, este no debe mostrar signos de debilidad o inmadurez. Evita al subordinado cuando este es fuerte e imponente. El líder solo los involucra con miradas y postura corporal cuando tiene la palabra y el poder para hablar.

Capítulo 9: Desarrollando la inteligencia emocional

Aprender sobre el lenguaje corporal nos permite ser conscientes de los pensamientos de las personas que nos rodean. Al interpretar correctamente los movimientos de otras personas, se nos da una idea de sus motivos y otros pensamientos.

Debemos usar este conocimiento para ajustar nuestro comportamiento en respuesta al lenguaje corporal de otras personas. Esto nos hará más sensibles a los sentimientos y disposición de los demás.

Nuestro conocimiento nos permite identificar los diferentes tipos de movimientos que las personas utilizan pasivamente e interpretar con precisión sus significados. No usamos un solo movimiento o gesto. Podemos hacer una interpretación más precisa si utilizamos más de una señal observable. Cuando utilizamos más de una señal y todas apuntan al mismo mensaje, entonces estamos más cerca de llegar a una buena conclusión.

Es importante recordar que debemos observar activamente los movimientos de otras personas para poder recopilar información. En este momento, debemos controlar nuestra atención y dejar de ser demasiado egocéntricos. Una de las percepciones más importantes que podremos obtener observando a los demás es sus emociones.

Por ejemplo, seremos capaces de separar la felicidad genuina de las falsas a través de las expresiones faciales de una persona. Es común entre los humanos mostrar nuestros dientes superiores cuando estamos contentos. Los párpados inferiores se elevan y los lados externos de los ojos comienzan a mostrar arrugas. Las mejillas también se elevan y las arrugas curvas comienzan a aparecer en los lados de nuestra sonrisa.

Esto es diferente de una sonrisa forzada. En este tipo de sonrisa, nuestros labios siguen sonriendo, pero los detalles finos como las arrugas y los párpados inferiores levantados suelen faltar. Cuando una persona es genuinamente feliz, la postura corporal es abierta y los movimientos son generalmente hacia adelante. Una persona que se retira de algo rara vez muestra felicidad.

La sorpresa, por otra parte, suele manifestarse con los ojos muy abiertos. Cuando estamos en este estado, hay temporalmente más luz entrando en nuestros ojos. Las arrugas comienzan a aparecer en la frente y la mandíbula tiende a bajar a medida que los músculos de la boca se relajan. Los hombros tienden a levantarse para permitirnos reaccionar ante cualquier amenaza que pueda haber causado la sorpresa.

Las personas que fingen sorpresa suelen actuar mal cuando imitan estas acciones. Tienden a decir que están sorprendidos, pero sus cuerpos no muestran ninguno de estos signos. Esto puede significar que anticiparon el evento desde el principio. Si dicen que están sorprendidos, entonces están tratando de engañarte por una razón.

El miedo también muestra signos similares de sorpresa. Ambas son reacciones emocionales ante cambios repentinos en el ambiente. Al igual que en una persona sorprendida, una persona que muestra miedo ha levantado las cejas, pero las suyos se mueven más cerca unas de otras. El espacio entre las cejas también mostrará algunas arrugas. El cuerpo también tiende a retroceder cuando tenemos miedo.

La tristeza, por otro lado, es una emoción que preferimos no mostrar a la gente que nos rodea. Es una emoción negativa que muestra un momento de debilidad. Se puede observar que una persona está triste si sus hombros están inclinados hacia adelante y todo su cuerpo carece de energía. Los lados internos de los ojos tienden a levantarse y los labios pueden temblar a veces. El lagrimeo de los ojos ocurre en casos extremos.

Al identificar la verdadera tristeza, felicidad, sorpresa y miedo, podemos volvernos más sensibles a los sentimientos de las personas que nos rodean y volvernos más inteligentes emocionalmente.

Capítulo 10: Mejorando sus relaciones usando el lenguaje corporal

Necesitamos el lenguaje corporal cuando buscamos y mantenemos relaciones.

Al principio de una relación, el lenguaje corporal se utiliza para llamar la atención de otra persona. Al iniciar una relación romántica con otra persona, debemos demostrar que estamos interesado en esa persona. Al mostrar interés en sus movimientosestamos enviando señales sin ser demasiado explícito y predecible.

Si la otra persona lee correctamente nuestros signos, puede hacer el primer movimiento. Si debemos hacer el primer movimiento nosotros, debemos hacerlo declarándolo a la persona que nos guste. En este caso, el lenguaje corporal se vuelve importante para preparar los pensamientos de la otra parte. Esto evitará que nuestro interés amoroso se escandalice demasiado con nuestra propuesta de relación.

Podemos mostrar signos de interés hacia

otra persona usando todo nuestro cuerpo. Debemos tratar de ser sexy cuando nos mira. Cuando esa persona está hablando, hay que mirarla a los ojos. Los gestos sencillos pero oportunos también serán útiles para enviar las señales correctas. Las mujeres, por ejemplo, pueden morderse los labios cuando están solas con el chico que les gusta. Los chicos, por otra parte, deben usar contacto visual cercano cuando están en la misma situación.

También se puede observar cómo actúan otras personas cuando están con alguien que les gusta. Por lo general, enderezan la espalda y mejoran su postura. Otros cogen aire para evitar que les salga tripa. Estas acciones nos hacen ver más sanos, por lo tanto, mejores parejas.

Los hombres y las mujeres actúan de manera diferente en estas situaciones. Los hombres, por ejemplo, enderezan la espalda para que parezca alta con el pecho prominente. Esto hace que parezcan orgullosos y fuertes como debería ser un hombre ideal en una relación. Los hombres también tienden a volverse más activos con los movimientos de sus brazos tratando de mostrar su fuerza mostrando sus músculos. La mayoría de los hombres lo hacen porque creen que esto los hace parecer más atractivos para el sexo opuesto.

Las mujeres, en cambio, suelen inclinar la cabeza hacia un lado. También es común ver a una mujer mover el cabello y exponer su cuello. Una mujer también puede estirar la espalda y ajustar su cabello para hacer su cara más visible. Estos gestos muestran una vulnerabilidad que normalmente tiene la intención de decirle al hombre que haga el movimiento. Una mujer que muestra su cara también está mostrando confianza.

Al igual que los otros tipos de lenguaje corporal que se encuentran en otros capítulos, usualmente hacemos estos gestos sin pensar en ellos. Ahora que somos consciente de ello, podemos usar nuestros conocimientos para observar a las personas que nos rodean.

También es importante que mantengamos tales gestos incluso cuando ya estamos en una relación. A menudo dejamos de intentarlo cuando hemos estado en una relación durante mucho tiempo y esta actitud nos impide mostrar el lenguaje corporal correcto.

Haciendo activamente estos movimientos, podremos mostrarle a nuestra pareja que todavía tiene cualidades positivas como una gran pareja, incluso cuando ha estado en la relación por mucho tiempo.

Conclusión

¡Gracias de nuevo por comprar el libro *El manual de uso secreto del lenguaje corporal y la comunicación no verbal*!

Estoy muy emocionado por poder transmitiros esta información, y me hace feliz que ahora que lo habéis leído podáis incorporar estas estrategias al avanzar.

Espero que este libro haya sido capaz de ayudaros a entender los principios del uso del lenguaje corporal y cómo usarlos en varias situaciones sociales.

El siguiente paso es empezar a usar esta información y, con suerte, tener una vida feliz y exitosa.

Por favor, no leáis esto y no lo apliquéis. Las estrategias de este libro solo podrán beneficiaros si las usáis.

Si conocéis a alguien que también le vendría bien esta información, por favor informadles de la existencia de este libro.

Para concluir, si habéis disfrutado este libro y sentís que ha añadido valor a vuestra vida de cualquier forma, por favor

dedicad tiempo a compartir vuestras opiniones y escribid una reseña en. Será muy apreciada.
Muchas gracias y buena suerte.

www.ingramcontent.com/pod-product-compliance
Lightning Source LLC
Chambersburg PA
CBHW071904070526
44583CB00016B/1844